LÉA LINSTER & PETER GAYMANN

DAS GELBE VOM EI

Huhnglaubliche Rezepte

LÉA LINSTER & PETER GAYMANN

DAS GELBE VOM EI

ars vivendi

EINE EINLEUCHTENDE IDEE

Als Kind dachte ich lange, eine große Erfindung oder Entdeckung könne doch nicht so schwer sein. Das Rad, das Feuer, der Satz des Pythagoras, der Flaschenzug, der Benzinmotor oder die Kernspaltung: Etwas halbwegs Vergleichbares müsste sich doch bei einigem entschlossenen Nachdenken zuwege bringen lassen. Also brütete und brütete ich stunden-, wochen-, ja monatelang vor mich hin, ohne auch nur in die Nähe einer originellen Idee zu gelangen. Zu meinen verworfenen Projekten zählte auch die Suche nach einer fünften Zubereitungsart für Eier. Weich oder hart gekochtes Ei, Spiegelei, Rührei, pochiertes Ei, so zählte mein Kinderhirn auf: Da müsste es doch ein Leichtes sein, auf eine fünfte Garmethode zu kommen. Irgendwo in meiner 70er-Jahre-Kindheit liegen die verschütteten Wurzeln der deutschen Molekularküche.

Der Prachtband, den Sie in Händen halten, die Zusammenarbeit von Léa Linster und Peter Gaymann, bietet nicht nur sublim Delikates von und über Hühner(n) und Menschen, sondern ist auch noch in einer anderen Hinsicht eine Offenbarung: Shakespeare brauchte nicht mehr als die 26 Buchstaben des Alphabets, um die Welt darzustellen. Peter Gaymann vermag mit seinem Cartoonhuhn die ganze Palette menschlicher Erfahrung auszuloten. Und Léa Linsters Genialität manifestiert sich in ihren Pfannen und Töpfen gerade an vermeintlich Konventionellem wie Königinpastetchen oder Îles flottantes. Das Ei des Kolumbus besteht manchmal im energischen Bewahren der Tradition. Für diese Einsicht hätte es des Vorworts eines Eierkopfs nun wirklich nicht bedurft.

Denis Scheck

DAS VERRÜCKTE
HUHNIVERSUM

Für mich ist ein erlesenes Huhn wie ein guter Freund: Es lässt mich nie im Stich! Und wenn es aus gutem Stall ist, kann eigentlich nichts mehr schiefgehen. Solch ein Prachthuhn, mit Liebe und Kennerblick ausgesucht, ist wirklich der beste Souschef, den es gibt. Wie der zweite Mann in der Küche hält es dir den Rücken frei. Gerade, wenn es mal drunter und drüber geht.
Bis ... ja, bis sich unsere Wege trennen. Dann kann man es warm oder kalt genießen, pochiert, gebraten, am Spieß gegrillt, ganz oder in Stücken serviert – egal. Nur gut muss es sein! Und wenn es gut ist, dann macht es eben eine Menge mit. Manchmal bin ich in Köln, um dort fürs Fernsehen zu produzieren. Das ist anstrengend, macht aber auch viel Spaß. Vergangenen September rief mich ein Freund zu Hause in Luxemburg an: »Du, Léa, wenn du mal wieder in Köln bist, sag Bescheid. Wir gehen essen. Dabei möchte ich dich mit einem Typen bekannt machen, der dich kennenlernen will. Und ich bin mir fast sicher, er wird dir gefallen ... Denn er besitzt einen riesigen Hühnerhaufen. Keine Bodenhaltung, trotzdem laufen die Hühner alle frei rum – in seinem Atelier, in seiner Fantasie.« So haben wir uns im Herbst letzten Jahres kennengelernt. Es war noch sommerlich warm an diesem Tag. Was lag also näher, als zu einem guten Italiener in seiner Nachbarschaft zu gehen, fein zu essen, etwas Wein zu trinken und miteinander zu reden. Die frisch zubereitete Zabaione zum Nachtisch schmeckte wie das Gespräch: nach mehr! >>

Dass Peter Gaymann ein bekannter Cartoonist ist, wusste ich von seinen vielen Postkarten und Büchern. Und natürlich fand ich es klasse, dass er auch mich und meine Arbeit absolut schätzte. Wie viel mehr er auf der Pfanne hatte, habe ich dann später in seinem Atelier gesehen: Skizzen, Aquarelle, Collagen, Radierungen und jede Menge Hühner. Und ebenso viele Bilder zu Eiern, in allen Variationen. Dass ich meinen Crémant – ich schenke ihn als Aperitif in meinem Restaurant aus – als Gastgeschenk mitgebracht hatte, war goldrichtig. Eisgekühlt. Die schönen Perlen im Glas haben dafür gesorgt, dass wir uns ganz schnell einig waren: Wir beide machen ein Buch zusammen.

Wenn die Zutaten stimmen, dann kann das Essen eigentlich nur gut werden. Das gilt auch für dieses Buch. Schließlich dreht es sich um Hühner und Eier, wovon wir beide eine Menge verstehen. Unser Menü: ein ganz anderes Kochbuch – mit Rezepten zum Nachkochen und Cartoons zum Schmunzeln und Lachen …

Wie gesagt: Ich liebe es, wenn Können, Lust und Gefühl zusammenkommen und dabei viel gelacht wird. Im Alltag, beim Essen, in der Liebe, ach, im Grunde überall … Habe ich eigentlich schon gesagt, dass ich Peter zum Fressen gernhab?

REZEPTE

Kleine Speisen mit Ei

Léas Lieblings-Frühstücksei 18
Ei im Glas mit Speck-Croûtons 25
Bacon and Eggs (Spiegeleier mit Speck) 26
Eggs Florentine (Eier Florentiner Art) 31
Mini-Tartelettes mit cremigem Rührei und Kaviar 39
Ei im Fettnäpfchen mit Trüffelspänen 44
Mimosa-Eier 47
Strammer Max auf Kartoffelrösti 50
Ei mit Béchamelsauce und Blumenkohl 55
Œufs mayonnaise (Mayo-Eier) 56
Sellerie-Ei-Ravioli mit Zwiebelschaum 63
Blattsalat mit frittiertem Ei 66

Gerichte für Huhngrige

Léas SOS-Hühnerbouillon 75
Festliche Bouillon mit Eierstich 80
Hühnereintopf mit Gemüse und Reis 85
Bouchées à la reine (Königinpastetchen) 86
Poularde mit Spargel und Schampussauce 91
Panierte Hühnerschnitzelchen 96
Hühnchenbrust in Sesam mit Paprika-Curry-Sauce 99
Hühnchen mit geschmorter Tomatensauce und Kartoffelchips 100
Huhn im Spinatmäntelchen 103
Leichte Sandwiches mit Hühnerbrust 104
Huhn in Zimtsauce mit jungen Karotten 109
Coq au Vin rouge (Besoffener Hahn) 112
Knuspriges Huhn aus dem Ofen 115
Kaltes Huhn mit Kräutermayonnaise und jungem Gemüse 122
Plattes Huhn 127
Perlhuhn auf Karamellkraut 128

Federleichte Nachspeisen

Crème brûlée 134
Rote-Beeren-Gratin mit Vanilleeis 139
Îles flottantes (Schwimmende Inseln) 140
Hauchdünne Crêpes mit Apfelconfit und Zimtsahne 145
Zitronentörtchen mit Baisertupfen 146
Knusprige Mandelhippen 151
Hausgemachter Eierlikör 152

KLEINE SPEISEN MIT EI

Ganz sicher kein Einerlei

— LIVE-EGGT! —

Léas Lieblings-Frühstücksei

»Für ein gutes Frühstücksei
schlüpfe ich gerne aus den Federn.«

Für 4 Personen

4 Eier
4–8 Scheiben Toast- oder Tramezzinibrot
geklärte Butter zum Braten (siehe Seite 95)

In einem Topf Wasser aufkochen. Die Eier hineinlegen und 4 Minuten kochen lassen. Dann den Herd ausschalten und die Eier noch 1 Minute im Wasser ziehen lassen. Die Eier aus dem Wasser heben und in Eierbechern servieren.
Während die Eier kochen, die Brotscheiben in 10–12 cm lange Streifen schneiden. In einer Pfanne etwas geklärte Butter erhitzen und die Brotstreifen darin knusprig braten. Die Croûtons zu den Frühstückseiern servieren.

LÉAS TRICK Ich koche meine Eier immer wie oben beschrieben. Aber es gibt noch eine zweite »Eierkochschule«. Dabei legt man die rohen Eier in kaltes Wasser und bringt dies dann zum Kochen. Egal, welche »Schule« Sie bevorzugen, zählen Sie die Minuten ab dem Moment, in dem das Wasser kocht. Und wenn Sie ein Ei hart kochen wollen, muss es 10 Minuten im kochenden Wasser bleiben.

Klopfen oder Köpfen?

Hier scheiden sich die Geister: Manche klopfen ihr Frühstücksei mit dem Löffel an und zupfen die Schalenstücke dann vorsichtig mit den Fingern ab, andere guillotinieren ihr Ei brutal mit dem Messer. Die zweite Methode ist wohl die modernere, denn wir benutzen heute kaum noch silberne Messer. Köpft man nämlich damit sein Ei, kommt es zu einer chemischen Reaktion, und das Ei schmeckt ganz scheußlich. Gleiches gilt natürlich auch für das Auslöffeln mit einem Silberlöffel. Also, lassen Sie das Tafelsilber im Schrank – und klopfen oder köpfen Sie nach Herzenslust.

Ach, du dickes Ei!

Ja genau, ein Hühnerei wiegt im Mittelgewicht (Größe M) 60 Gramm. Die Schale bringt 6 Gramm auf die Waage, das Eigelb 18 Gramm und das Eiweiß 36 Gramm. Wer gute, frische Eier von »glücklichen« Hühnern haben möchte, geht zum Landwirt oder Direktvermarkter seines Vertrauens und kauft Eier aus Freilandhaltung. Immer eine sehr gute Wahl sind natürlich Bio-Eier.

Ei im Glas mit Speck-Croûtons

»Es ist nicht wirklich nackt, es hat sich nur nicht in Schale geworfen.«

Für 4 Personen
4 Eier
1 Scheibe Räucherspeck
1 Scheibe Toast- oder Tramezzinibrot
geklärte Butter zum Braten (siehe Seite 95)
Fleur de Sel
grob gemahlener Pfeffer

In einem Topf Wasser aufkochen. Die Eier hineinlegen und 6 Minuten kochen lassen. Dann herausnehmen, kalt abschrecken und pellen.

Während die Eier kochen, für die Speck-Croûtons Räucherspeck und Toastbrot in winzig kleine Würfelchen schneiden. In einer Pfanne etwas geklärte Butter erhitzen und die Speckwürfelchen darin knusprig braten. Herausnehmen, mit den Brotwürfelchen mischen und in vier Schälchen verteilen.

Die heißen Eier jeweils in ein schönes Glas – zum Beispiel in eine Sektschale – legen. Mit den Speck-Croûtons, Fleur de Sel und Pfeffer servieren.

– Eizelle –

Bacon and Eggs (Spiegeleier mit Speck)

»Der Klassiker aus England schmeckt nicht nur harten Jungs.«

Für 4 Personen

4 dicke Scheiben Bacon (Frühstücksspeck)
geklärte Butter zum Braten (siehe Seite 95)
4 Eier
Meersalz, Pfeffer
Olivenöl zum Braten
4 Kirschtomaten

Außerdem

4 flache Portionsschälchen

Den Backofen auf 120 °C (Umluft) vorheizen. Die Portionsschälchen in den Ofen stellen und gut heiß werden lassen. In der Zwischenzeit den Speck in einer Pfanne knusprig braten. In einer zweiten Pfanne etwas geklärte Butter bei mittlerer Hitze schmelzen lassen, die Eier hineinschlagen und bei sanfter Hitze zu Spiegeleiern braten. Mit Meersalz und Pfeffer würzen. Jeweils 1 Scheibe Bacon und 1 Spiegelei in die Schälchen legen. Die Schälchen auf die geöffnete Backofentür stellen und so warm halten. Etwas Olivenöl in einem Pfännchen erhitzen und die Kirschtomaten darin braten, bis die Haut aufplatzt. Die Tomaten in die Schälchen verteilen und die Eier sofort servieren.

Spieglein, Spieglein

Milchig gestocktes Eiweiß, warmes, noch flüssiges und an der Oberfläche glänzendes Eigelb – so sieht ein perfekt gebratenes Spiegelei aus. Am besten gelingt dies mit frischen Eiern, denn je älter ein Ei ist, desto leichter zerfließt es in der Pfanne. Zum Braten in einer beschichteten Pfanne etwas geklärte Butter (siehe Seite 95) erwärmen. Das Ei vorsichtig hineinschlagen, sodass das Eigelb nicht verletzt wird, und bei milder Hitze braten, damit das Eiweiß gleichmäßig stockt. Wer mag, deckt die Pfanne gegen Ende der Garzeit noch mit einem Deckel ab.

Eggs Florentine (Eier Florentiner Art)

»Eine Paraderolle für meine pochierten Eier.«

Für 4 Personen

Toast und Spinat

4 Scheiben Toastbrot
geklärte Butter zum Braten (siehe Seite 95)
2 Handvoll frischer junger Blattspinat
½ Schalotte
1 EL gute Butter

Sauce hollandaise

125 g Butter
2 Eigelb
3 EL Champagner, Crémant oder guter Sekt
1 Prise Meersalz
1 Spritzer Zitronensaft

Pochierte Eier

4 sehr frische Eier
1 EL Essig

Außerdem

Ausstechring (8 cm Ø)
Schlagkessel (Metallschüssel mit rundem Boden)

Aus den Toastscheiben mit dem Ausstechring 4 Kreise ausstechen. Etwas geklärte Butter in einer Pfanne erhitzen und die Kreise darin knusprig braten, dann warm stellen. Den Spinat waschen, trocken schütteln und die Stiele abknipsen. Die Schalotte schälen und fein würfeln. Die Butter in einem Topf erhitzen und Schalotte und Spinat darin dünsten, bis der Spinat zusammenfällt. Den Spinat in einem Sieb abtropfen lassen und warm stellen.

Für die Sauce die Butter bei schwacher Hitze in einem Topf schmelzen lassen und den an der Oberfläche entstandenen Schaum abschöpfen. In einem hohen Topf wenig Wasser erhitzen. Eigelbe, Champagner und Meersalz im Schlagkessel mit dem Schneebesen verquirlen. Die Schüssel auf das Wasserbad setzen und die Eigelbmasse über dem heißen Wasserbad cremig aufschlagen (siehe Seite 139). Die flüssige Butter und den Zitronensaft unterrühren.

Für die pochierten Eier in einem großen Topf reichlich Wasser aufkochen. Die Eier einzeln in Tassen aufschlagen. Sobald das Wasser kocht, die Hitze reduzieren, den Essig zugeben und mit einem Kochlöffel kräftig umrühren, sodass sich ein kleiner Strudel bildet. Die Eier nacheinander in den Strudel gleiten lassen und bei mittlerer Hitze 2 Minuten pochieren (siehe Seite 32).

Den Toast auf vier Teller legen, jeweils etwas Spinat, 1 pochiertes Ei und 1 Löffel Hollandaise daraufgeben und sofort servieren.

LÉAS TRICK Manchmal tausche ich den Spinat gegen Schinken oder Bacon und bringe so im Nu »Eggs Benedict« auf den Frühstückstisch.

Keine Angst vor dem Pochieren

Vielleicht kennen Sie pochierte Eier ja unter dem Namen »verlorene« Eier. Bei dieser Technik werden Eier ohne Schale in heißer Flüssigkeit gegart. Dafür in einem hohen Topf Wasser zum Kochen bringen, dann die Hitze reduzieren, bis das Wasser nur noch siedet. Einen Schuss Essig zugeben, das Wasser mit einem Kochlöffel in eine langsam kreisende Bewegung bringen und die Eier einzeln in den Strudel gleiten lassen. Durch die Drehbewegung des Wassers legt sich das Eiweiß wie von Zauberhand gleichmäßig um das Eigelb.

Weiß oder braun?

Das ist hier nicht die Frage! Denn die Farbe der Schale hat keinen Einfluss auf Geschmack und Qualität des Eis. Braune Eier sind also nicht gesünder oder wohlschmeckender als weiße – wie häufig angenommen. Die Farbe der Schale hat auch nichts zu tun mit der Farbe des Gefieders. So gibt es weiße Hühner, die braune Eier legen, und umgekehrt. Die Farbe der Eierschale ist ganz einfach genetisch bedingt und hängt von der jeweilgen Hühnerrasse ab. Aber wenn wir gerade bei der Farbe sind: Das klassische Frühstücksei war früher weiß, heute dagegen sind braune Eier im Trend.

Mini-Tartelettes mit cremigem Rührei und Kaviar

»Gerührt, nicht geschüttelt – an diesen Häppchen hätte James Bond seine helle Freude.«

Für 4 Personen

Tartelettes
250 g Mehl
160 g gute, kalte Butter
1 Ei
1 Prise Meersalz
1 Prise Zucker
1 EL Milch

Rührei
2 EL Sahne
10 g gute Butter
2 Eier
Räucherlachs, Kaviar und Schnittlauch zum Garnieren

Außerdem
4 Tartelette-Förmchen (6 cm Ø)
Ausstechring (8 cm Ø)
Butter für die Förmchen
Mehl zum Arbeiten

Für die Tartelettes Mehl, Butter, Ei, Meersalz, Zucker und Milch rasch zu einem glatten Teig verkneten. Den Teig in Frischhaltefolie wickeln und 1 Stunde im Kühlschrank ruhen lassen. Den Backofen auf 150 °C (Umluft) vorheizen, die Förmchen mit Butter ausstreichen. Den Teig in vier Portionen teilen. Ein Viertel auf der bemehlten Arbeitsfläche dünn ausrollen und 4 Kreise in Förmchengröße ausstechen (den restlichen Teig portionsweise tiefkühlen). Die Kreise in die Förmchen legen und im Backofen in 15 Minuten zartbraun backen. Die Tartelettes danach aus den Förmchen lösen und auf einem Kuchengitter auskühlen lassen.

Für das Rührei Sahne und Butter in einem Topf erwärmen. Die Eier hineinschlagen und unter Rühren stocken lassen. Das Rührei in den Tartelettes verteilen. Die Tartelettes mit je 1 Röllchen Räucherlachs, 1 Löffelchen Kaviar und Schnittlauch garnieren und servieren.

LÉAS TRICK Meine Tartelettes garniere ich nach Lust und Laune auch mal nur mit frischen Kräutern, mit etwas Piment d'Espelette oder – ganz luxuriös – mit frisch gehobelten Trüffeln. Für die Tartelettes brauche ich nur ein Viertel des Teiges. Den Rest friere ich portionsweise fürs nächste Mal ein. Aber natürlich können Sie auch gleich den gesamten Teig zu Tartelettes backen und diese dann tiefkühlen.

Kraftprotz

Eier sind eines unserer wertvollsten Nahrungsmittel. Dabei enthält jedes dieser kleinen Kraftpakete gerade mal rund 95 Kalorien, davon stecken 75 im Eigelb und 20 im Eiweiß. Besonders wertvoll für den Menschen sind die enthaltenen Vitamine A, D, E, K und die B-Vitamine sowie die Mineralien Kalzium, Phosphor, Eisen, Natrium und Kalium.

Ei im Fettnäpfchen mit Trüffelspänen

»Wetten, dass niemand dieses Fettnäpfchen auslässt?«

Für 4 Personen

4 TL Sahne
4 Eier
Meersalz
4 TL Kalbsjus
1 schwarzer Trüffel

Außerdem

4 Portionsförmchen mit Deckel
(etwa 100 ml Inhalt)
gute Butter für die Förmchen

Den Backofen auf 170 °C (Umluft) vorheizen. Die Förmchen großzügig mit Butter ausstreichen. Die Sahne leicht erwärmen und jeweils 1 TL in die Förmchen geben. Dann jeweils 1 Ei behutsam in die Förmchen schlagen, dabei das Eigelb nicht verletzen. Die Eier leicht salzen. Die Förmchen mit den Deckeln verschließen und in eine Auflaufform stellen. Etwa 3 cm hoch heißes Wasser angießen, die Form in den Backofen schieben und die Eier im Wasserbad etwa 10 Minuten stocken lassen. Die Förmchen aus dem Wasserbad nehmen, öffnen und jeweils 1 TL Kalbsjus auf die Eier träufeln. Den Trüffel in dünne Scheiben hobeln und diese in feine Streifen schneiden. Die Trüffelspäne auf den Eiern verteilen.

LÉAS TRICK Sie besitzen keine Portionsförmchen mit Deckel? Das Gericht gelingt auch in Mokkatassen oder Souffléförmchen. Die decken Sie einfach mit einem Stück Alufolie ab.

Mimosa-Eier

»Mein traditionelles Häppchen für Brunch, Party und Picknick.«

Für 4 Personen
6 Eier
4 EL Mayonnaise
1 Msp. Dijon-Senf
Meersalz
1 Prise Piment d'Espelette
oder Cayennepfeffer
1 Spritzer Zitronensaft
Sardellenfilets, Schnittlauchröllchen und fein gehackte Radieschen zum Garnieren

Außerdem
Spritzbeutel mit Sterntülle

Die Eier in 10 Minuten hart kochen (siehe Seite 18). Danach kalt abschrecken und bei Zimmertemperatur abkühlen lassen, aber nicht kalt stellen. Die Eier pellen, quer halbieren und die Eigelbe behutsam herauslösen. Die leeren Eihälften vorsichtig an der Wölbung gerade schneiden, sodass sie aufrecht stehen. Die Eigelbe mit einer Gabel fein zerdrücken. Mayonnaise und Senf zugeben und alles zu einer glatten Masse verrühren. Die Masse mit Meersalz, Piment d'Espelette und Zitronensaft würzen. Die Eigelbmasse in den Spritzbeutel füllen und in die Eihälften spritzen. Die gefüllten Eier mit Sardellenröllchen, Schnittlauch und Radieschenwürfelchen garnieren.

LÉAS TRICK Zum Würzen verwende ich gerne Piment d'Espelette. Dieses milde, leicht rauchige Chilipulver ist eine Spezialität aus dem französischen Baskenland. Dort kultiviert man rund um den Ort Espelette Gorria-Chilischoten. Getrocknet und zu Pulver vermahlen würzen sie nicht nur viele baskische Gerichte. Sie bekommen Piment d'Espelette in Gewürzläden oder in gut sortierten Supermärkten. Ein guter Ersatz ist der etwas schärfere Cayennepfeffer.

Der Frischetest

Wenn Sie nicht sicher sind, wie frisch ein Ei ist, legen Sie es einfach in ein Glas Wasser: Ein frisches Ei sinkt sofort zu Boden und bleibt dort liegen. Richtet es sich leicht auf, ist es etwa 1 Woche alt. Nach 2 Wochen steht das Ei senkrecht, und nach 3 Wochen schwimmt es im Wasser. Andere Möglichkeit: Schütteln Sie das Ei leicht hin und her. Bei einem frischen Ei ist nichts zu hören, alte Eier dagegen geben ein glucksendes Geräusch von sich.

Strammer Max auf Kartoffelrösti

»Hühner, strammgestanden und ein Ei gelegt! Hier kommt der Max.«

Für 4 Personen

4 dicke Kartoffeln
Meersalz, Pfeffer
Öl zum Braten
4 Eier
4 Scheiben gekochter Schinken
frisch geschnittener Schnittlauch
zum Garnieren

Außerdem

Blini-Pfanne oder kleine Pfanne
(10 cm Ø)
Ausstechring (10 cm Ø)

Die Kartoffeln schälen, waschen und grob raspeln. Die Raspel mit den Händen gut ausdrücken, leicht salzen und pfeffern. Den Backofen auf 100 °C (Umluft) vorheizen. Etwas Öl in der Pfanne erhitzen, ein Viertel der Kartoffelraspel hineingeben und flach drücken. Die Rösti von einer Seite knusprig goldgelb braten. Dann wenden, wieder etwas Öl zugeben und die Rösti von der anderen Seite ebenfalls knusprig braten. Die Rösti aus der Pfanne nehmen, auf Küchenpapier abtropfen lassen und im Backofen warm stellen. Auf diese Weise noch drei weitere Rösti backen.

In einer großen Pfanne etwas Öl bei mittlerer Hitze erwärmen, die Eier hineinschlagen und bei sanfter Hitze zu Spiegeleiern braten. Mit Meersalz und Pfeffer würzen. In einer zweiten Pfanne den Schinken ohne Zugabe von Öl erwärmen. Die Rösti auf vier Teller setzen und den warmen Schinken darauf anrichten. Die Spiegeleier aus der Pfanne heben, mit dem Ausstechring rund formen und auf die Rösti legen. Mit Schnittlauch bestreuen und servieren.

Der Eier-Code

Damit Sie beim Einkauf kein faules Ei erwischen, werfen Sie zuerst einen kritischen Blick darauf. Der aufgedruckte Stempel ist seit 2004 in der EU Pflicht und verrät, woher das Ei stammt: Die erste Ziffer steht für die Haltungsart (0 für ökologische Erzeugung, 1 für Freilandhaltung, 2 für Bodenhaltung und 3 für Käfighaltung). Darauf folgen das Länderkürzel und die Identifizierungsnummer des Erzeugerbetriebs. Von dieser Kennzeichnungspflicht ausgenommen sind nur Erzeuger, die ihre Eier unsortiert direkt ab Hof verkaufen.

Ei mit Béchamelsauce und Blumenkohl

»Gute Eier mit Gemüse und heller Sauce – da fehlt nichts mehr zum Glück.«

Für 4 Personen

Béchamelsauce
1 Zwiebel
1 Gewürznelke
100 g gute Butter
70 g Mehl
1 l Milch
Meersalz, Pfeffer
frisch geriebene Muskatnuss
1 Schuss Sahne

Gemüse und Eier
1 kleiner Blumenkohl
1 Romanesco
Salz
8–10 Eier
grüne Frühlingszwiebelringe
zum Garnieren

Für die Béchamelsauce die Zwiebel schälen und mit der Gewürznelke spicken. Die Butter in einem Topf schmelzen lassen. Das Mehl mit einem Schneebesen einrühren und bei schwacher Hitze unter Rühren hell anschwitzen. Die Milch langsam einrühren. Mit Meersalz, Pfeffer und Muskatnuss würzen und die gespickte Zwiebel zugeben. Die Sauce aufkochen und etwa 10 Minuten köcheln lassen, dabei gelegentlich umrühren.

Während die Sauce köchelt, für das Gemüse Blumenkohl und Romanesco in Röschen teilen. Diese waschen und in kochendem Salzwasser bissfest garen. Dann in ein Sieb abgießen und abtropfen lassen. Die Eier in 10 Minuten hart kochen (siehe Seite 18). Danach kalt abschrecken.

Die Sauce nochmals abschmecken und die Sahne einrühren. Die heißen Eier pellen und längs halbieren. Die Eihälften mit den Blumenkohl- und Romanescoröschen auf vier Tellern anrichten, mit der Béchamelsauce überziehen und mit Frühlingszwiebelringen bestreuen. Mit Salzkartoffeln servieren.

LÉAS TRICK Wenn ich gerade Parmesan im Kühlschrank habe, reibe ich ein paar Löffel davon ab und lasse den Käse kurz vor dem Servieren in der Béchamelsauce schmelzen. Er macht die Sauce etwas würziger.

Œufs mayonnaise (Mayo-Eier)

»Diesen Salat serviere ich gerne als kleine Mahlzeit oder leichte Hauptspeise.«

Für 4 Personen

Eier und Mayonnaise

7 Eier
2 Eigelb
1 EL Dijon-Senf
¼ l Sonnenblumenöl
Meersalz
Piment d'Espelette
1–2 EL guter heller Essig oder Zitronensaft
frisch geschnittener Estragon und Schnittlauch zum Garnieren

Gemüsesalat

1 Karotte
⅛ Knollensellerie
80 g Navet (Mairübchen)
200 g Prinzessbohnen
Salz, Pfeffer
1–2 TL guter Essig
1–2 EL gutes Öl

Die Eier in 10 Minuten hart kochen (siehe Seite 18). Danach kalt abschrecken und bei Zimmertemperatur abkühlen lassen, aber nicht kalt stellen.

Für die Mayonnaise Eigelbe und Senf mit dem Schneebesen verquirlen. Dann langsam das Sonnenblumenöl unterschlagen. Dabei darauf achten, dass das Öl stets in einem dünnen Faden in die Eigelbmasse läuft. Die Mayonnaise nochmals kräftig durchschlagen und mit Meersalz und 1 Prise Piment d'Espelette würzen. Den Essig unterrühren und die Mayonnaise damit aufhellen (»weißen«). Für den Gemüsesalat Karotte, Sellerie und Navet dünn schälen, die Bohnen putzen. Alle Gemüse waschen und in 3 mm große Würfelchen (Brunoise) schneiden. Die Würfelchen in kochendem Salzwasser bissfest blanchieren, eiskalt abschrecken und abtropfen lassen. Den Sud aufbewahren. Das Gemüse mit Salz, Pfeffer, Essig, Öl und 1–2 EL Gemüsesud marinieren. Den Gemüsesalat auf vier Tellern anrichten.

Die Eier pellen, längs halbieren und jeweils 3 Eihälften auf das Gemüse setzen. Die Mayonnaise mit etwas Wasser verdünnen und die Eier damit überziehen. Die restlichen beiden Eihälften mit einer Gabel zerdrücken und auf die Mayonnaise streuen. Die Mayo-Eier mit Estragon, Schnittlauch und Piment d'Espelette garnieren und servieren.

LÉAS TRICK Oft gare ich die Gemüsewürfelchen auch im Dampf. Dafür etwas Wasser in einem Topf mit Dampfeinsatz zum Köcheln bringen. Das Gemüse auf den Einsatz legen und im Dampf bissfest garen.

VERSTECKTE EIER

Wo aufbewahren?

Eier lagert man kühl, am besten im Kühlschrank. Hier können sie bedenkenlos 3–4 Wochen aufbewahrt werden. Aber Achtung: Über ihre feinen Poren in der Schale nehmen Eier gerne Fremdgerüche auf. Deshalb legt man sie idealerweise ins dafür vorgesehene Eierfach, auf keinen Fall aber neben Speisen mit intensivem Aroma.

Das Huhn, das goldene Eier legt …

… gibt's leider nur im Märchen. In einer Fabel erzählt Jean de La Fontaine (1621–1695) von diesem wundersamen Huhn, das dann aber den üblichen Hühnertod stirbt: Es wird von seinem Besitzer geschlachtet. Der glaubte nämlich, er würde im Inneren der Henne einen Schatz finden. Doch natürlich fand er nichts, und ihm wurde klar, dass er sich gerade selbst sein wertvollstes Gut genommen hatte. Vorbei war's mit dem Geldsegen.

Sellerie-Ei-Ravioli mit Zwiebelschaum

»Zugegeben, diese Ravioli sind ungewöhnlich. Aber immer nur klassisch ist doch langweilig.«

Für 4 Personen

Ravioli und Gemüse

1 Knollensellerie
Salz
200 g Kaiserschoten
4 Eigelb
Fleur de Sel
Piment d'Espelette
Öl zum Arbeiten

Zwiebelschaum

1 kleines Bund Frühlingszwiebeln
1 EL gute Butter
150 ml Milch
50 g Sahne
Meersalz, Pfeffer

Für die Ravioli den Sellerie schälen und halbieren. Von den beiden Hälften mit der Aufschnittmaschine oder einem Messer 8 sehr dünne Scheiben abschneiden. Die Selleriescheiben in kochendem Salzwasser 1 Minute blanchieren, dann eiskalt abschrecken und auf Küchenpapier abtropfen lassen.

Für das Gemüse die Kaiserschoten putzen, waschen und in schmale Stücke schneiden. Die Stücke ebenfalls in kochendem Salzwasser bissfest blanchieren, eiskalt abschrecken und abtropfen lassen.

Für den Zwiebelschaum die Frühlingszwiebeln putzen und waschen. Den grünen Teil in dünne Ringe schneiden und beiseitelegen. Den weißen Teil ebenfalls in Ringe schneiden. Die Butter in einem Topf erhitzen und die hellen Ringe darin andünsten. Milch und Sahne dazugießen, aufkochen lassen und die Sauce mit Meersalz und Pfeffer würzen.

Für die Ravioli vier Stücke Frischhaltefolie (à 12 × 12 cm) zuschneiden, nebeneinander auf die Arbeitsfläche legen und dünn mit Öl bestreichen. Jeweils 1 Eigelb daraufsetzen und die Folie darüber zu einem Beutelchen zusammendrehen. In einem Topf mit Dampfeinsatz etwas Wasser erhitzen. Die Beutelchen auf den Einsatz legen und die Eigelbe im Dampf 3 Minuten garen.

Zum Servieren auf jeden Teller 1 Selleriescheibe legen, jeweils 1 Eigelb aus der Folie daraufgleiten lassen, mit etwas Fleur de Sel bestreuen und mit 1 Selleriescheibe abdecken. Die Ravioli mit etwas Piment d'Espelette bestreuen und die Kaiserschoten rundum verteilen. Die Sauce mit dem Pürierstab schaumig aufmixen und um die Ravioli träufeln. Mit dem Lauchzwiebelgrün bestreuen.

Blattsalat mit frittiertem Ei

»Dieses auf mediterrane Art gebratene Ei schmeckt am besten mit einem knackigen Salat.«

Für 4 Personen

Salat

120 g gemischte Blattsalate
(z. B. Löwenzahn, Radicchio, Feldsalat)
2 EL vom Lieblingsessig
2 TL Dijon-Senf
Meersalz, Pfeffer
3 EL Traubenkernöl oder
anderes gutes Öl
3 EL Sahne
Kresse zum Garnieren

Frittierte Eier

4 Eier
Meersalz, Pfeffer
Erdnuss- oder Traubenkernöl
zum Frittieren

Für den Salat die Blattsalate putzen, waschen und trocken schleudern. Essig, Senf, Meersalz, Pfeffer und Öl zu einer Vinaigrette verquirlen. Die Sahne unterrühren.

Für die frittierten Eier jedes Ei in ein Schälchen oder eine Tasse aufschlagen und mit Meersalz und Pfeffer würzen. In einen Topf 2–3 cm hoch Öl gießen und stark erhitzen. Jetzt 1 Ei ins heiße Öl geben. Das Eiweiß kurz stocken lassen, dann mit zwei Holzspateln vom Rand her zum Eigelb schieben und so ein kleines Nest formen. Das frittierte Ei mit einem Schaumlöffel herausheben und auf Küchenpapier abtropfen lassen. Die restlichen Eier ebenso frittieren.

Zum Servieren den Blattsalat auf vier Tellern anrichten und mit etwas Vinaigrette beträufeln. Je 1 frittiertes Ei daraufsetzen, mit Kresse bestreuen und sofort servieren. Dazu gibt's noch frisch geröstetes Weißbrot.

LÉAS TRICK Um zu testen, ob das Öl schon heiß genug zum Frittieren ist, tauche ich einfach den Stiel eines Holzkochlöffels hinein. Steigen daran kleine Bläschen hoch, hat das Öl die richtige Temperatur erreicht.

»Wenn man das Eiweiß beim Frittieren komplett um das Eigelb hüllt, wird das Ei zu einem Überraschungspäckchen.«

Ein gutes Huhn

Seit Hunderten von Jahren schmecken Hühner uns gebraten, gegrillt, gekocht oder geschmort, warm oder kalt, als Vorspeise, Hauptgericht oder kleine Mahlzeit. Je nach Alter und Gewicht teilt man sie grob in Stubenküken, Hähnchen und Poularde ein – unabhängig vom Geschlecht. Hühner haben wirklich unsere Achtung verdient! Zeigen Sie ihnen das unbedingt und kaufen Sie nur »glücklich« herangewachsene Tiere aus artgerechter Aufzucht oder Bio-Geflügel von ordentlichen Erzeugern und Bauernhöfen. Sie werden den Unterschied schmecken.

GERICHTE FÜR **HUHN**GRIGE

Huhnglaublich lecker!

Léas SOS-Hühnerbouillon

»Diese Bouillon war schon oft meine Rettung, daher nenne ich sie auch SOS-Bouillon.«

Ergibt 3 l

1 küchenfertiges Suppenhuhn
1 Handvoll Meersalz
1 Karotte
¼–½ Knollensellerie
1 Stange Lauch
3 kleine, weiße Champignons
1 Tomate
1 Gemüsezwiebel
2 Gewürznelken
1 Bouquet garni (Kräutersträußchen aus Liebstöckel, Thymian, Lorbeerblatt und Petersilienstängel in 1 Lauchblatt gewickelt)
½ TL weiße Pfefferkörner

Außerdem
Passier- oder Mulltuch

Das Suppenhuhn kalt abspülen, restliche Federchen entfernen und mit Küchenpapier trocken tupfen. Das Huhn dann in einen großen Topf legen und 4 l Wasser dazugießen. Das Meersalz einstreuen und aufkochen lassen. Dabei den an die Oberfläche steigenden Schaum regelmäßig mit einem großen Löffel abschöpfen, damit die Brühe schön klar bleibt. Während das Wasser aufkocht, Karotte und Knollensellerie schälen und in Stücke schneiden. Den Lauch putzen, sorgfältig waschen und in Ringe schneiden. Die Champignons feucht abwischen und putzen. Die Tomate waschen und halbieren. Die Zwiebel schälen, halbieren und jede Hälfte mit 1 Gewürznelke spicken. Gemüse, Champignons, Tomate, gespickte Zwiebel, Bouquet garni und Pfefferkörner zur Brühe geben. Die Hitze reduzieren und die Bouillon etwa 3 Stunden köcheln lassen, bis das Huhn weich ist. Dabei regelmäßig prüfen, ob das Huhn noch mit Flüssigkeit bedeckt ist, und bei Bedarf etwas Wasser nachgießen. Danach das gekochte Huhn herausnehmen. Ein Haarsieb mit dem Passiertuch auslegen und die Bouillon durch das Sieb abgießen. Gekochtes Huhn und Bouillon je nach Rezept sofort verwenden oder abkühlen lassen und in den Kühlschrank stellen.

LÉAS TRICK   Meist nehme ich mir von der frisch gekochten Bouillon gleich eine Tasse ab und genieße sie als klares Süppchen. Das ist sehr schmackhaft und richtig gesund. In meiner Küche bleiben Huhn und Bouillon natürlich nie lange stehen. Zu Hause können Sie beides etwa 2 Tage im Kühlschrank aufbewahren. Für den Vorrat können Sie die Bouillon auch portionsweise tiefkühlen.

Ab in die Suppe

Suppenhühner sind Legehennen, die nach einer Legeperiode von rund 15 Monaten mit einem Gewicht von 2–3 kg geschlachtet werden. Diese Hühner sind zum Braten uninteressant, denn sie sind recht zäh. Im Laufe ihres Lebens haben sie aber einiges an Fett angesetzt und ergeben so köstliche Brühen und Saucen. Ihr gekochtes Fleisch ist zum Wegwerfen trotzdem viel zu schade, denn es schmeckt als Ragout, Frikassee oder in Geflügelsalat.

Nein, Mama geht's gut. Macht euch keine Sorgen. – Und sagt Papa: Mama ist in der Therme…

Festliche Bouillon mit Eierstich

»Mit hausgemachtem Eierstich kommt meine Bouillon ganz elegant daher. Ein feiner Auftakt für jedes Menü.«

Für 4 Personen

Eierstich

2 Eier

2 Eigelb

70 ml Hühnerbouillon (siehe Seite 75)

Meersalz, Pfeffer

frisch geriebene Muskatnuss

Zum Servieren

1 Karotte

10 Kaiserschoten

Salz

1 l Hühnerbouillon (siehe Seite 75)

Außerdem

4 Portionsförmchen (à etwa 60 ml Inhalt)

Butter für die Förmchen

Ausstechring (etwa 2 cm Ø, z. B. umgedrehte Spritztülle)

Für den Eierstich den Backofen auf 120 °C (Umluft) vorheizen. Die Förmchen großzügig mit Butter ausstreichen. Eier, Eigelbe und Bouillon verquirlen. Die Eiermasse mit Meersalz, Pfeffer und Muskatnuss würzen, durch ein Haarsieb streichen und gleichmäßig in die Förmchen füllen. Die Förmchen in den heißen Backofen stellen und die Eiermasse in 20–25 Minuten stocken lassen. Danach herausnehmen und abkühlen lassen. Zum Servieren die Karotte dünn schälen und in kleine Rauten schneiden. Die Kaiserschoten putzen, waschen und mit dem Ausstechring kleine Kreise ausstechen. Die Gemüsestücke in kochendem Salzwasser bissfest blanchieren, dann eiskalt abschrecken und abtropfen lassen. Die Bouillon erhitzen. Den Eierstich aus den Förmchen lösen und in vier Suppenteller setzen. Die Gemüsestücke dekorativ darauf anrichten, die heiße Bouillon angießen und sofort servieren.

LÉAS TRICK Manchmal lasse ich den Eierstich auch im Wasserbad auf dem Herd stocken. Dafür 2–3 cm hoch Wasser in einen Topf gießen und erwärmen. Die Förmchen ins warme Wasserbad stellen und die Eiermasse bei schwacher Hitze stocken lassen.

Hühnereintopf mit Gemüse und Reis

»Noch eine Handvoll frische Zutaten, und schon ist meine Hühnerbouillon ein leckerer Eintopf.«

Für 4 Personen
1 Karotte
1 Stange Lauch (hellgrüner Teil)
1 Knoblauchzehe
1 l Hühnerbouillon (siehe Seite 75)
2 EL Reis
1 gekochtes Suppenhuhn (siehe Seite 75)
Meersalz, Pfeffer
frisch gehackte Petersilie

Die Karotte dünn schälen und fein würfeln. Den Lauch putzen, sorgfältig waschen und in schmale Ringe schneiden. Den Knoblauch schälen und fein hacken. Alles in einen großen Topf geben. Die Hühnerbouillon dazugießen, den Reis einstreuen und aufkochen. Die Bouillon dann bei schwacher Hitze 15–20 Minuten köcheln lassen, bis der Reis gar ist. Inzwischen das gekochte Huhn enthäuten, das Fleisch von Brust und Schenkeln lösen und in kleine Stücke schneiden. Das Hühnchenfleisch in die Bouillon rühren und kurz darin erwärmen. Den Eintopf mit Meersalz und Pfeffer abschmecken, mit Petersilie bestreuen und heiß servieren.

Bouchées à la reine (Königinpastetchen)

»Pastetchen mit Hühnchen und Pilzen schmecken nicht nur der Frau Königin.«

Für 4 Personen

1 gekochtes Suppenhuhn (siehe Seite 75)
40 g gute Butter
40 g Mehl
½ l Hühnerbouillon (siehe Seite 75)
150 g Sahne
Meersalz, Pfeffer
1 Spritzer Zitronensaft
4 Blätterteigpasteten (fertig gekauft)
200 g kleine, weiße Champignons
2 EL geschlagene Sahne
frisch gehackte Petersilie

Das gekochte Huhn enthäuten, das Fleisch von Brust und Schenkeln lösen und in kleine Würfel schneiden. Die Butter in einem Topf schmelzen lassen. Das Mehl mit einem Schneebesen einrühren und bei schwacher Hitze unter Rühren hell anschwitzen. Die Bouillon langsam unter Rühren dazugießen und die Sauce 10 Minuten köcheln lassen. Dabei gelegentlich umrühren, damit sie nicht anbrennt. 100 g Sahne unterziehen und die Sauce mit Meersalz, Pfeffer und Zitronensaft abschmecken. Den Backofen auf 80 °C (Umluft) vorheizen und die Blätterteigpasteten darin etwa 10 Minuten erwärmen. Dabei die Backofentür einen Spalt breit geöffnet lassen. Während die Pasteten im Ofen sind, die Champignons feucht abwischen und putzen. Die Pilze mit 50 g Sahne in einem Topf aufkochen, mit Meersalz und wenig Pfeffer würzen und etwa 5 Minuten garen. Die Champignons und das Hühnerfleisch in die Sauce rühren und darin erwärmen. Zuletzt die Schlagsahne unterheben und das Ragout in die heißen Pasteten füllen. Mit Petersilie bestreuen und sofort servieren.

LÉAS TRICK Die Königinpastetchen serviere ich gerne als elegante Vorspeise. Das Hühnerragout können Sie zusammen mit einer Schüssel Reis auch als leichtes Hauptgericht auf den Tisch bringen.

Warenkunde Hühnerbrust

Die Brust gilt als Filetstück des Huhns, denn ihr weißes Fleisch ist sehr fein und zart. Im Handel gibt es ganze Hühnerbrüste mit Haut und Knochen oder Brustfilets, bei denen bereits Haut und Knochen entfernt wurden. Sie eignen sich gut zum Pochieren, Dünsten, Schnetzeln oder Braten. Aber Vorsicht, nicht zu lange und auch nicht bei zu großer Hitze garen, denn das zarte Fleisch trocknet schnell aus. Kaufen Sie für meine Rezepte Brustfilets von gut gezogenen oder noch besser von Bio-Poularden. Die bekommen Sie beim Metzger Ihres Vertrauens oder auf dem Markt.

Poularde mit Spargel und Schampussauce

»Darf ich vorstellen: Huhn und Spargel, das Traumpaar aus der Frühlingsküche.«

Für 4 Personen

Spargel und Poularde

12–16 Stangen Spargel
(weiß, grün oder gemischt)
4 Brustfilets von guten Poularden
(à 180–200 g)
Meersalz
Hühnerbouillon zum Garen (siehe Seite 75)
1 TL Zucker
1 EL gute Butter, zerlassen

Schampussauce

150 g gemischtes junges Gemüse
(Karotten, Lauch, Sellerie)
2 Stängel Petersilie
1 Zweig Thymian
300 ml Hühnerbouillon (siehe Seite 75)
¼ Schalotte
200 ml Champagner, Crémant
oder guter Sekt
60 g saure Sahne
Meersalz, Pfeffer
1 Spritzer Zitronensaft
60 g Sahne

Den Spargel schälen und die Stangen dann auf eine Länge von 12–15 cm einkürzen.

Für die Sauce das Gemüse waschen, putzen und in 3 mm große Würfel (Brunoise) schneiden. Petersilie und Thymian waschen und trocken schütteln. Gemüsewürfel, Kräuter und Hühnerbouillon in einem Topf aufkochen und bei schwacher Hitze 15 Minuten köcheln lassen. Die Bouillon durch ein Haarsieb abgießen und 150 ml abmessen. Die Schalotte schälen und sehr fein würfeln. Die Schalottenwürfelchen mit dem Champagner in einen kleinen Topf geben und auf die Hälfte einkochen lassen. Die reduzierte Gemüsebouillon dazugießen, einmal aufkochen lassen und den Fond durch ein Haarsieb in einen Topf abgießen. Die saure Sahne unterziehen, die Sauce mit Meersalz, Pfeffer und Zitronensaft abschmecken und warm stellen. Die Sahne halbsteif schlagen.

Für die Poularde die Brustfilets kalt abspülen, trocken tupfen und leicht salzen. In einem Topf mit Dampfeinsatz etwas Hühnerbouillon erhitzen. Die Filets auf den Einsatz legen und etwa 20 Minuten im Dampf garen. Danach in Scheiben schneiden und abgedeckt warm stellen.

Während das Huhn gart, für den Spargel in einem Topf Wasser mit Zucker und Salz aufkochen und den Spargel darin in 10–12 Minuten bissfest garen. Die Stangen herausheben, auf vier Tellern anrichten und mit etwas flüssiger Butter bepinseln. Die Filetscheiben daneben anrichten. Die Schampussauce wieder erhitzen, die Schlagsahne unterziehen und die Sauce über das Fleisch träufeln.

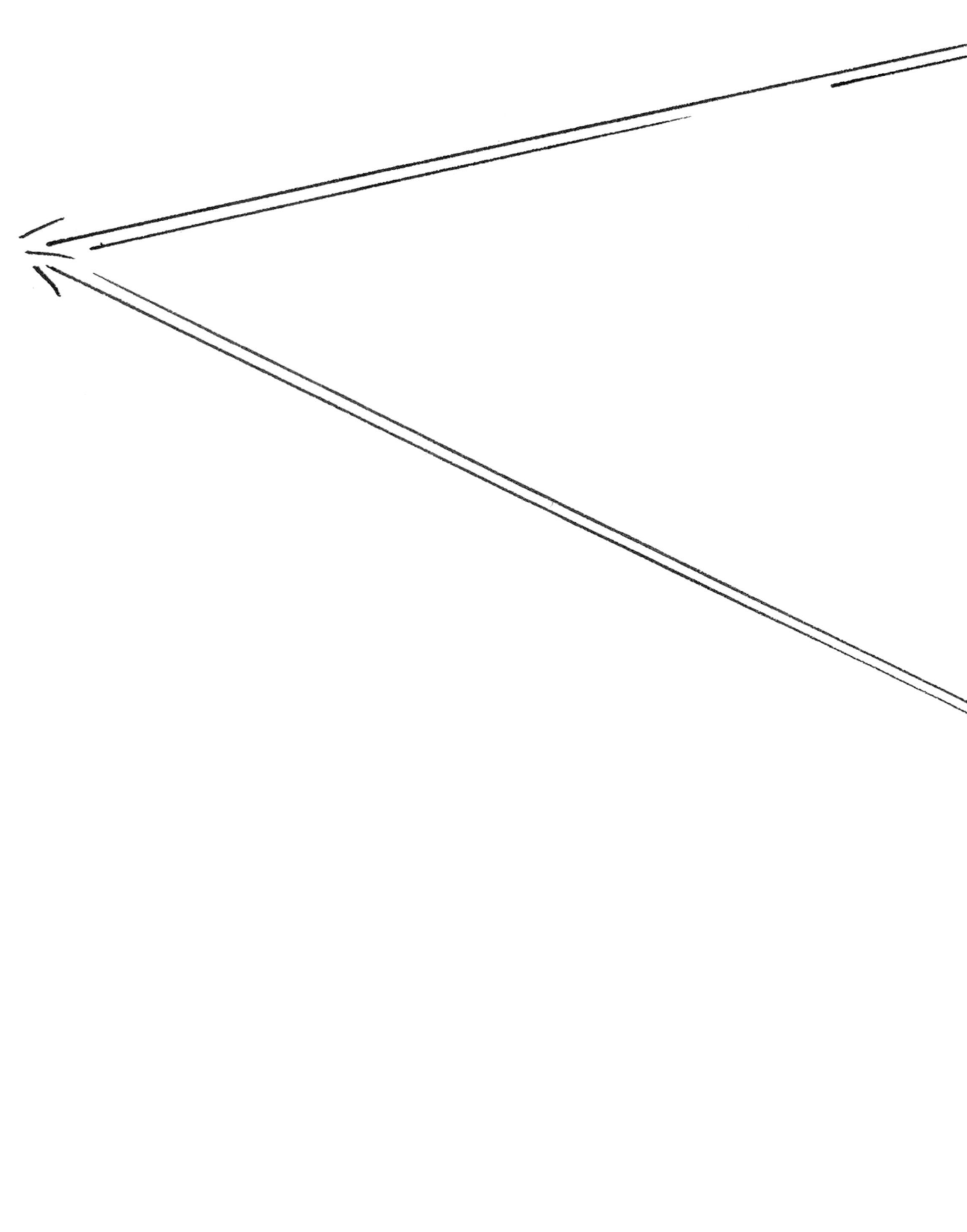

Butter klären

Geklärte Butter für den Vorrat können Sie ganz leicht selbst herstellen. Dafür Butter in einem kleinen Topf bei schwacher Hitze schmelzen lassen. Den an der Oberfläche der Butter abgesetzten weißen Schaum mit einem Löffel abnehmen, bis die Butter klar ist. Die Butter dann abkühlen und wieder fest werden lassen. Aus dem Topf lösen, kalt abspülen und mit Küchenpapier trocken tupfen. Die geklärte Butter nochmals erhitzen und zum Aufbewahren in eine luftdicht schließende Dose füllen. Im Kühlschrank ist sie mehrere Wochen haltbar.

Panierte Hühnerschnitzelchen

»Diese knusprigen Schnitzelchen haben Flügel! Kaum kommen sie auf den Tisch, sind sie auch schon wieder weg.«

Für 4 Personen

4 Brustfilets von guten Poularden (à 180–200 g)
Meersalz, Pfeffer
3 EL Mehl
4 EL Semmelbrösel
2 Eier
geklärte Butter zum Braten (siehe Seite 95)
Zitronenspalten zum Servieren

Die Hähnchenbrustfilets kalt abspülen, trocken tupfen und in Scheiben schneiden. Einen großen Gefrierbeutel an einer Längsseite aufschneiden. Die Filetscheiben zwischen die beiden Folien legen und vorsichtig flach klopfen, ohne dass sie Löcher bekommen oder reißen. Die Schnitzelchen dann mit Meersalz und Pfeffer würzen. Mehl und Semmelbrösel getrennt auf zwei Teller streuen. Die Eier in einem tiefen Teller verquirlen und leicht mit Meersalz und Pfeffer würzen. Die Schnitzelchen nacheinander im Mehl wenden und überschüssiges Mehl abklopfen. Die bemehlten Schnitzelchen zuerst in den Eiern und danach in den Semmelbröseln wenden. Die Brösel mit der Hand festdrücken, damit sie besser am Fleisch haften. Reichlich geklärte Butter in einer Pfanne erhitzen und die Schnitzelchen darin knusprig goldbraun braten. Aus der Pfanne nehmen und auf Küchenpapier abtropfen lassen. Die Schnitzelchen sofort mit Zitronenspalten servieren. Dazu passen Pommes frites und ein frischer grüner Salat.

LÉAS TRICK Ich brate mein Fleisch immer in geklärter Butter (siehe Seite 95). Sie lässt sich höher erhitzen und spritzt nicht beim Braten. Geklärte Butter habe ich immer in meiner Küche vorrätig.

Hühnchenbrust in Sesam mit Paprika-Curry-Sauce

»Leichtes Hauptgericht mit asiatischem Touch für frühlingshafte Tage.«

Für 4 Personen

Paprika-Curry-Sauce

1 Zwiebel
1 rote Paprikaschote
2 Stängel Petersilie
1 Stängel Zitronengras
2 EL Olivenöl
1 EL Currypaste oder -pulver
½ l Hühnerbouillon (siehe Seite 75)
1 Prise frisch geriebene Muskatnuss
1 EL Mehl
1 EL gute Butter
100 g Sahne
Meersalz, Pfeffer
1 Spritzer Zitronensaft

Hühnchenbrust

2 kleine Stangen Lauch
Salz, Pfeffer
8 EL helle Sesamsamen
4 Brustfilets von guten Pouladen (à 180–200 g)
Öl zum Braten

Für die Sauce die Zwiebel schälen und in feine Würfel schneiden. Die Paprikaschote vierteln, putzen und waschen. Die Viertel ebenfalls fein würfeln. Petersilie waschen, Zitronengras putzen. Das Öl in einem Topf erhitzen und Zwiebel und Paprika darin anschwitzen. Die Currypaste zugeben und kurz mitdünsten. Mit der Bouillon ablöschen. Petersilie und Zitronengras zugeben, mit Muskatnuss würzen und alles bei schwacher Hitze etwa 20 Minuten köcheln lassen. Petersilie und Zitronengras anschließend herausnehmen. Mehl und Butter in einer Schüssel mit einer Gabel verkneten und die Sauce damit binden. Die Sauce bei schwacher Hitze noch 10 Minuten köcheln lassen, dann mit dem Pürierstab fein mixen. Die Sahne einrühren, die Sauce nochmals aufkochen und nach Belieben etwas reduzieren lassen. Zuletzt mit Meersalz, Pfeffer und Zitronensaft abschmecken.

Während die Sauce köchelt, für die Hühnchenbrust den Lauch putzen, längs in dünne Streifen schneiden und diese sorgfältig waschen. Die Lauchstreifen in kochendem Salzwasser bissfest blanchieren, eiskalt abschrecken und abtropfen lassen. Den Sesam in einer Pfanne ohne Fett rösten, bis er duftet. Auf einen Teller geben. Den Backofen auf 180 °C (Umluft) vorheizen. Die Brustfilets kalt abspülen, trocken tupfen und jeweils waagerecht eine Tasche hineinschneiden. Die Taschen innen salzen, pfeffern und mit den Lauchstreifen füllen. Jeweils mit einem Zahnstocher verschließen und die Taschen im Sesam wenden. Das Öl in der Pfanne erhitzen, aber nicht zu heiß werden lassen, und die Filets darin von beiden Seiten goldgelb anbraten. Danach im Backofen noch etwa 6 Minuten garen. Die Filets aus dem Ofen nehmen und mit der Paprika-Curry-Sauce servieren.

Hühnchen mit geschmorter Tomatensauce und Kartoffelchips

»Die Tomaten müssen schön aromatisch sein und wirklich gut schmecken – sonst ärgert sich das Huhn!«

Für 4 Personen

Tomatensauce und Hühnchen

4 reife Fleischtomaten
oder 8 Strauchtomaten
1 Zwiebel
2 Knoblauchzehen
1 Sträußchen Thymian
Olivenöl zum Braten
100 ml vom Lieblingsweißwein
1 Handvoll schwarze Oliven ohne Stein
Meersalz, Pfeffer
4 Brustfilets von guten Poularden
(à 180–200 g)
Piment d'Espelette

Kartoffelchips

4 dicke Kartoffeln
Öl zum Frittieren
Fleur de Sel
Pfeffer, Piment d'Espelette

Für die Sauce die Tomaten häuten, die Früchte halbieren und die Stielansätze entfernen. Das glasige Tomateninnere herauslösen, pürieren und beiseitestellen. Das Tomatenfruchtfleisch in kleine Würfel schneiden. Die Zwiebel schälen und fein würfeln. Den Knoblauch schälen. Den Thymian waschen und trocken schütteln. Das Olivenöl in einer Pfanne erhitzen und die Zwiebel darin andünsten. Mit dem Weißwein ablöschen und kurz verkochen lassen. Tomatenwürfel, Thymian, Knoblauch und das pürierte Tomateninnere zugeben. Die Sauce bei schwacher Hitze 10–15 Minuten köcheln lassen, sodass die Tomaten noch stückig sind. Die Oliven halbieren, unterheben und die Sauce mit Meersalz und Pfeffer abschmecken.

Für die Chips die Kartoffeln schälen, waschen und in hauchdünne Scheiben hobeln. Nochmals waschen und sorgfältig trocken tupfen. Das Öl in einer Fritteuse oder einem Topf auf 150 °C erhitzen. Die Kartoffeln darin portionsweise weich frittieren. Mit einem Schaumlöffel herausheben und auf Küchenpapier abtropfen lassen.

Für das Hühnchen die Brustfilets kalt abspülen, trocken tupfen und mit Meersalz, Pfeffer und Piment d'Espelette würzen. In einer Pfanne etwas Olivenöl erhitzen, aber nicht zu heiß werden lassen. Die Filets darin bei schwacher Hitze von jeder Seite 6–7 Minuten braten.

Während die Filets braten, das Frittieröl wieder auf 180 °C erhitzen und die Kartoffeln darin nochmals portionsweise kross frittieren. Herausheben, mit Fleur de Sel, Pfeffer und Piment d'Espelette würzen. Die Chips zu Tomatensauce und Hühnchen servieren.

Huhn im Spinatmäntelchen

»Hier schlüpft das Huhn in ein Mäntelchen aus Spinat – und schmeckt gleich noch mal so gut.«

Für 4 Personen

4–8 große Spinatblätter
2 Brustfilets von guten Poularden
(à 180–200 g)
Meersalz, Pfeffer
2 EL Tapenade (schwarze Olivenpaste, aus dem Glas)
¼ rote Paprikaschote
1 TL Olivenöl

Die Spinatblätter waschen, trocken schütteln und die Stiele abknipsen. Ein großes Stück Frischhaltefolie auf die Arbeitsfläche legen und die Spinatblätter überlappend als Rechteck (etwa 30 × 20 cm) darauflegen. Die Hähnchenbrustfilets kalt abspülen, trocken tupfen, in dünne Scheiben schneiden und flach drücken. Die Scheiben mit Meersalz und Pfeffer würzen und nebeneinander auf den Spinat legen, sodass sie eine Fläche bilden. Das Fleisch dann mit Tapenade bestreichen. Das Paprikaviertel putzen, waschen und längs in dünne Streifen schneiden. Das Öl in einer kleinen Pfanne erhitzen und die Paprikastreifen darin kurz anbraten. Aus der Pfanne nehmen und als Streifen in der Mitte längs auf die Tapenade legen. Spinat und Fleisch mithilfe der Folie von der Längsseite her aufrollen, die Enden festdrehen und verschließen. In einem Topf mit Dampfeinsatz etwas Wasser zum Köcheln bringen. Die Roulade auf den Einsatz legen und 20–25 Minuten im Dampf garen. Danach herausnehmen, die Folie aufschneiden und die Roulade in fingerbreite Scheiben schneiden. Dazu schmecken Petersilienkartoffeln.

Leichte Sandwiches mit Hühnerbrust

»Eine feine, kleine Mahlzeit zum Sofortessen oder zum Mitnehmen.«

Für 2–4 Personen

2 Brustfilets von guten Poularden
(à 180–200 g)
Meersalz, Pfeffer
Piment d'Espelette
Olivenöl zum Braten
Salatblätter nach Saison (z. B. Rucola, Blattsalat, Feldsalat)
1 Zucchini
1–2 Tomaten
4 Brötchen

Die Hähnchenbrustfilets kalt abspülen, trocken tupfen und mit Meersalz, Pfeffer und Piment d'Espelette würzen. In einer Pfanne etwas Olivenöl erhitzen, aber nicht zu heiß werden lassen. Die Filets darin bei schwacher Hitze von jeder Seite 6–7 Minuten braten. Danach herausnehmen und lauwarm abkühlen lassen. Die Salatblätter waschen und trocken schleudern. Zucchini und Tomaten putzen, waschen und in dünne Scheiben schneiden. Die Zucchinischeiben dünn mit Olivenöl bepinseln und in einer heißen Grillpfanne oder Pfanne von jeder Seite etwa 3 Minuten braten. Die Hähnchenfilets in dünne Scheiben schneiden. Die Brötchen aufschneiden und nacheinander Zucchinischeiben, Tomatenscheiben, Filetscheiben und Salat daraufschichten. Zusammenklappen und die Sandwiches sofort servieren oder zum Mitnehmen in Butterbrotpapier wickeln.

Huhn im Topf

Das Huhn ist ein Star in den Alltagsküchen rund um den Globus. Kein Wunder: Es ist leicht bekömmlich, lässt sich einfach zubereiten, ist schnell gegart und macht im Schnitt vier Esser satt. Und es blickt auf eine lange »Küchentradition« zurück: Schon die Babylonier um 2300 v. Chr. brutzelten sich gerne mal ein Huhn, etwa 1000 Jahre später tauchten Hühner dann in den Kochtöpfen des frühen Europas auf. Vor rund 400 Jahren wünschte der sozial denkende französische König Henri IV. jedem seiner Untertanen sonntags ein Huhn im Topf, denn das galt damals als Zeichen des Wohlstands. Hat der Hase das auch zu bieten? NEIN!

Huhn in Zimtsauce mit jungen Karotten

»Dieses Gericht wirkt wie ein Magnet. Kaum verbreitet es seinen Duft, kleben plötzlich alle am Esstisch.«

Für 4 Personen
1 küchenfertige Poularde (etwa 1,6 kg)
Meersalz, Pfeffer
1 Zwiebel
Olivenöl zum Braten
3 Knoblauchzehen
3 Zimtstangen
1 Prise frisch geriebene Muskatnuss
¾ l Hühnerbouillon (siehe Seite 75)
1 Bund junge Karotten (Bundmöhren)
Salz
1 EL gute Butter
1 Prise Piment d'Espelette
1 Prise gemahlener Zimt (nach Belieben)
150 g Sahne

Die Poularde kalt abspülen, restliche Federchen entfernen und mit Küchenpapier trocken tupfen. Das Huhn dann in 8 Teile zerlegen und diese mit Meersalz und Pfeffer würzen. Die Zwiebel schälen und in Streifen schneiden. Etwas Olivenöl in einem Schmortopf erhitzen und das Fleisch darin rundum goldbraun anbraten. Die Zwiebelstreifen dazugeben und ebenfalls anbraten. Die Knoblauchzehen mit Schale und die Zimtstangen zum Fleisch geben, mit Muskatnuss würzen und die Hühnerbouillon dazugießen. Den Topf abdecken und das Huhn bei schwacher Hitze 40 Minuten köcheln lassen. Etwa 10 Minuten vor Garzeitende die Karotten dünn schälen. In kochendem Salzwasser 3 Minuten blanchieren und eiskalt abschrecken. Die Karotten zum Huhn in den Schmortopf geben und mitgaren, bis sie bissfest sind. Fleisch, Karotten, Zwiebel, Knoblauch und Zimtstangen auf einer vorgewärmten Platte anrichten und warm stellen. Die Sauce aufkochen und nach Wunsch etwas einkochen lassen. Die Butter einrühren und die Sauce mit Meersalz, Piment d'Espelette und nach Belieben mit Zimt abschmecken. Die Sahne einrühren und die Sauce zum Huhn servieren. Dazu gibt's Brötchen oder Baguette.

Brust oder Keule?

Das ist für viele eine Glaubensfrage. Und nicht wenige entscheiden sich für die aromatische Keule. Die Keulen – oder Schenkel – schmecken mariniert, paniert, frittiert oder gegrillt. Die gegrillten Unterschenkel nennt man in vielen Ländern »Drumsticks«. Und das Allerbeste: Man kann sie zum Essen einfach in die Hand nehmen.

Coq au Vin rouge
(Besoffener Hahn)

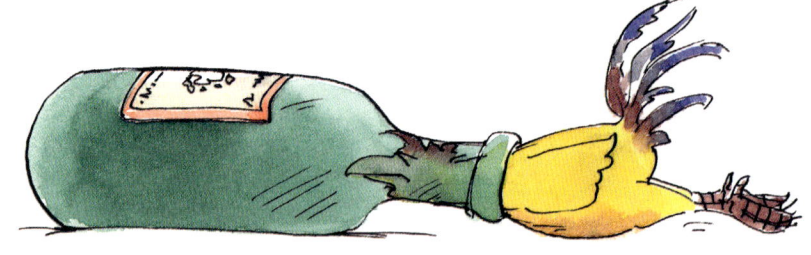

»Da hat der Hahn doch glatt einen über den Durst getrunken! Und ist gleich in meinen Topf gefallen...«

Für 4 Personen

1 küchenfertige Poularde (etwa 1,6 kg)
Meersalz, Pfeffer
12 kleine weiße Zwiebeln (Perlzwiebeln)
2 Knoblauchzehen
200 g kleine, weiße Champignons
100 g durchwachsener Räucherspeck
1 Sträußchen Thymian
2–3 EL geklärte Butter (siehe Seite 95)
1 großzügiger Schuss Cognac
½ l Burgunder oder anderer guter Rotwein
1 Lorbeerblatt
1 Gewürznelke
1 EL gute Butter
Hühnerbouillon (siehe Seite 75)

Die Poularde kalt abspülen, restliche Federchen entfernen und mit Küchenpapier trocken tupfen. Das Huhn dann in 8 Teile zerlegen und diese mit Meersalz und Pfeffer würzen. Zwiebeln und Knoblauch schälen. Die Champignons feucht abwischen und putzen. Den Räucherspeck in Streifen schneiden. Den Thymian waschen und trocken schütteln. In einem Schmortopf 1 großen EL geklärte Butter erhitzen und die Poulardenteile darin rundum goldbraun anbraten. Das Fleisch danach herausnehmen. Die restliche geklärte Butter im Topf erhitzen und die Zwiebeln darin rundum goldgelb anbraten. Den Räucherspeck zugeben und mitbraten. Die Poulardenteile wieder in den Schmortopf legen, mit dem Cognac beträufeln und flambieren. Mit dem Rotwein ablöschen. Lorbeerblatt, Gewürznelke, Thymian und Knoblauch zugeben. Die Butter in einer Pfanne erhitzen und die Champignons kurz darin anbraten. Dann ebenfalls zum Fleisch geben. Den Schmortopf abdecken und das Hähnchen bei mittlerer Hitze etwa 40 Minuten schmoren lassen, bis das Fleisch weich und schön zart ist. Dabei darauf achten, dass stets genügend Flüssigkeit im Topf ist und bei Bedarf noch etwas Hühnerbouillon nachgießen. Die Sauce zuletzt mit Meersalz, Pfeffer und etwas Cognac abschmecken. Den besoffenen Hahn am besten im Schmortopf servieren. Dazu passen hausgemachte Nudeln oder Reis.

LÉAS TRICK Statt auf dem Herd können Sie den besoffenen Hahn auch im auf 170 °C (Umluft) vorgeheizten Backofen schmoren.

Knuspriges Huhn aus dem Ofen

»Allein der Duft lässt einem das Wasser im Mund zusammenlaufen.«

Für 4 Personen
1 küchenfertige Poularde (etwa 1,6 kg)
gute, weiche Butter zum Bestreichen
Meersalz, Piment d'Espelette

Den Backofen auf 180 °C (Umluft) vorheizen. Die Poularde kalt abspülen, restliche Federchen entfernen und das Huhn mit Küchenpapier trocken tupfen. Die Poularde dann rundum großzügig mit Butter bestreichen und diese in die Haut einmassieren. Anschließend mit Meersalz und Piment d'Espelette würzen. Die Poularde auf den Backofenrost legen und im heißen Backofen in etwa 50 Minuten knusprig goldbraun braten. Die Poularde aus dem Ofen nehmen und sofort servieren oder bei Zimmertemperatur abkühlen lassen und kalt genießen. Dazu schmecken Pommes frites, Reis oder Baguette und ein Salat.

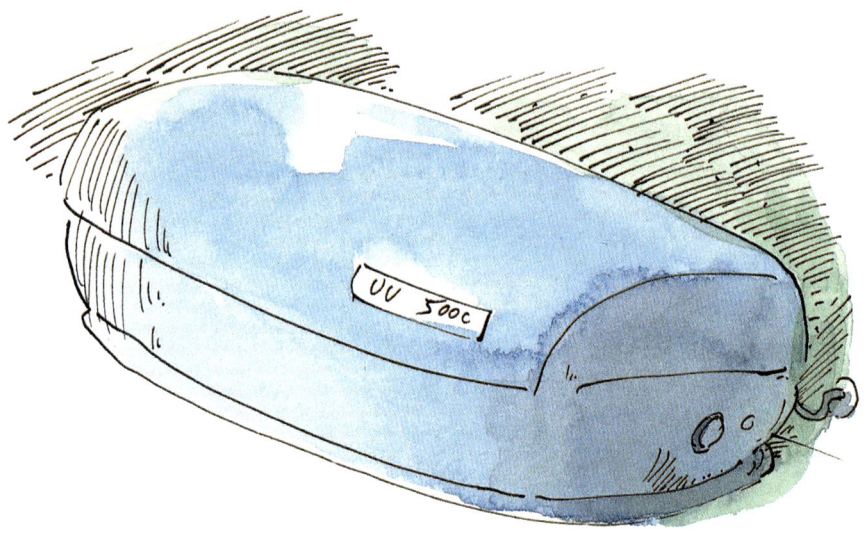

Gerupftes Huhn

Rupfen, ausnehmen und küchenfertig vorbereiten – zum Glück müssen wir das heute nicht mehr selbst machen. Geflügelzüchter und Metzger haben uns diese Arbeitsschritte abgenommen und liefern uns das Huhn bereits küchenfertig. Aber gleich in die Pfanne darf es trotzdem nicht. Nehmen Sie das Huhn aus der Verpackung und spülen Sie es zuerst einmal innen und außen gründlich unter fließendem kaltem Wasser ab. Danach entfernen Sie verbliebene Federreste, tupfen das Huhn mit Küchenpapier trocken und fahren je nach Rezept fort. Achten Sie dabei besonders auf die Hygiene und reinigen Sie alles sorgfältig, was mit dem Huhn in Berührung gekommen ist, wie Spüle, Arbeitsfläche, Messer, Hände.

Kaltes Huhn mit Kräutermayonnaise und jungem Gemüse

»Ein schönes Huhn, nach allen Regeln der Kunst im Ofen gebraten.«

Für 4 Personen

Huhn und Gemüse

1 gebratene Poularde (siehe Seite 115)
1 Bund junge Karotten (Bundmöhren)
200 g Kaiserschoten
2 Stangen junger Lauch
Salz

Mayonnaise

2 Eigelb
1 EL Dijon-Senf
¼ l Sonnenblumenöl
Meersalz
1 Prise Piment d'Espelette
je 1 kleiner EL fein geschnittener Kerbel, Schnittlauch, Petersilie und Estragon
1 Spritzer Zitronensaft

Die gebratene Poularde bei Zimmertemperatur abkühlen lassen, danach in Stücke schneiden. Die Karotten dünn schälen, die Kaiserschoten putzen. Den Lauch putzen, sorgfältig waschen und in breite Stücke schneiden. Die einzelnen Gemüse nacheinander in kochendem Salzwasser bissfest blanchieren, eiskalt abschrecken und abtropfen lassen. Fleisch und Gemüse auf einer Servierplatte anrichten.

Für die Mayonnaise Eigelbe und Senf mit dem Schneebesen verquirlen. Dann langsam das Sonnenblumenöl unterschlagen. Dabei darauf achten, dass das Öl stets in einem dünnen Faden in die Eigelbmasse läuft. Die Mayonnaise zuletzt nochmals kräftig durchschlagen und mit Meersalz und Piment d'Espelette würzen. Die Kräuter unterheben und die Mayonnaise mit Zitronensaft abschmecken. Die Mayonnaise in ein Schälchen füllen und zu Huhn und Gemüse servieren.

LÉAS TRICK Eine Mayonnaise ist schnell gerührt. Wichtig ist dabei eigentlich nur, dass alle Zutaten Zimmertemperatur haben.

Flach gelegtes Huhn

Auf den ersten Blick mag ein schmetterlingsförmig aufgeklapptes Huhn ja seltsam aussehen, aber diese Technik sorgt für gleichmäßig gegartes Fleisch. In Amerika kennt man so vorbereitete Brathühner übrigens unter dem Namen »Spatchcock«. Zum Aufklappen mit einer Geflügelschere den Hühnchenrücken an beiden Seiten der Wirbelsäule entlang aufschneiden. Dabei beim Sterz beginnen. Das Rückgrat herauslösen, das Huhn aufklappen und flach drücken. Probieren Sie es einfach aus, es hört sich schwieriger an, als es ist.

Plattes Huhn

»Sie wollen Eindruck bei Ihren Gästen schinden? Dann servieren Sie diesen schrägen Vogel.«

Für 4 Personen

1 küchenfertige Poularde (etwa 1,6 kg)
gute, weiche Butter zum Bestreichen
Meersalz, Pfeffer
Olivenöl
1 Sträußchen Thymian
2–3 Knoblauchzehen
2 Zweige Rosmarin
3 Kirschtomaten

Den Backofen auf 160 °C (Umluft) vorheizen. Die Poularde kalt abspülen, restliche Federchen entfernen und das Huhn mit Küchenpapier trocken tupfen. Das Rückgrat mit einer scharfen Geflügelschere herauslösen und das Huhn flach ausbreiten. Die Hautseite großzügig mit Butter bestreichen und diese einmassieren. Das Huhn anschließend mit Meersalz und Pfeffer würzen. Den Grill oder eine Grillpfanne stark erhitzen, das Huhn mit der Hautseite darauflegen und anbraten. Falls sich das Huhn dabei wölbt, mit einer Pfanne flach drücken. Das Huhn auf dem Grill um 90° drehen und noch kurz weitergrillen, bis ein Grillmuster entsteht. Eine große, flache Schmorpfanne mit Olivenöl ausstreichen und das Huhn mit der gegrillten Hautseite nach oben flach darin ausbreiten. Den Thymian waschen, trocken schütteln und um das Huhn verteilen, die Knoblauchzehen mit Schale dazulegen. Das Huhn dann im heißen Backofen etwa 30–40 Minuten garen. Den Rosmarin waschen und trocken schütteln. Die Tomaten waschen und halbieren. Rosmarin und Tomatenhälften 5 Minuten vor Ende der Garzeit in die Schmorpfanne legen und kurz mitgaren. Das Huhn aus dem Ofen nehmen und mit Weißbrot servieren.

Perlhuhn auf Karamellkraut

»Ein Hühnervogel, aber kein Huhn. Perlhühner haben dunkleres Fleisch und schmecken nach Fasan.«

Für 4 Personen

1 küchenfertiges Perlhuhn (1,5 kg)
1 kg frisches Sauerkraut
1 Zwiebel
1 Gewürznelke
25 g gute Butter
1–2 TL Zucker
Meersalz
200 ml vom Lieblingsweißwein
6 Wacholderbeeren
1 Lorbeerblatt
2 Knoblauchzehen
100 g durchwachsener Räucherspeck
Pfeffer
2–3 EL geklärte Butter (siehe Seite 95)
200 ml Hühnerbouillon (siehe Seite 75)

Außerdem

Küchengarn

Das Perlhuhn kalt abspülen, restliche Federchen entfernen und das Huhn mit Küchenpapier trocken tupfen. Flügel und Beine mit Küchengarn zusammenbinden, damit sie nicht abstehen und das Huhn gleichmäßig gart. Den Backofen auf 170 °C (Umluft) vorheizen. Das Sauerkraut in einem Sieb unter kaltem Wasser gründlich abwaschen. Danach mit den Händen gut ausdrücken. Die Zwiebel schälen und mit der Gewürznelke spicken. Die Butter in einem Schmortopf erhitzen, den Zucker einstreuen und braun karamellisieren lassen. Das Sauerkraut zugeben und anbraten, bis es ebenfalls Farbe annimmt. Dabei mehrmals wenden. Dann salzen und mit dem Weißwein ablöschen. Gespickte Zwiebel, Wacholderbeeren, Lorbeerblatt und die Knoblauchzehen mit Schale zugeben. Den Räucherspeck in Stücke schneiden und unterheben.
Das Perlhuhn rundum mit Meersalz und Pfeffer würzen. Die geklärte Butter in einer Pfanne erhitzen und das Perlhuhn von beiden Seiten darin anbraten. Das angebratene Huhn auf das Sauerkraut legen und die Hühnerbouillon angießen. Den Schmortopf abdecken und das Huhn im Backofen etwa 1 Stunde schmoren lassen, bis das Fleisch weich und zart ist. Dabei darauf achten, dass stets genügend Flüssigkeit im Topf ist, und bei Bedarf Wein oder Bouillon nachgießen. Das Perlhuhn aus dem Ofen nehmen, in Portionsstücke teilen und mit dem Karamellkraut servieren. Dazu schmecken Salzkartoffeln oder Kartoffelpüree.

Die Garprobe

Ob ein ganzes Huhn im Topf, Ofen oder auf dem Grill schon durchgebraten ist, lässt sich ganz leicht testen. Zur Garprobe sticht man mit einer Rouladennadel oder einer Fleischgabel in das Huhn. Tritt klarer Saft aus, ist es fertig. Tritt dagegen rötlicher Fleischsaft aus, ist es noch nicht ganz durch und muss noch ein paar Minuten weiterbraten. Besonders knusprig wird das Huhn, wenn man vor dem Braten weiche Butter in die Haut einmassiert.

FEDERLEICHTE NACHSPEISEN

Allerlei Süßes

Crème brûlée

»Raffiniert und doch ganz einfach.
Dieser Dessertklassiker lässt sich gut vorbereiten.«

Für 4–6 Personen

125 ml Milch
375 g Sahne
75 g Zucker
4 Eigelb
Mark von 1 Vanilleschote
4–6 EL brauner Zucker

Außerdem

4–6 Crème-brûlée-Schälchen
(à 70–100 ml Inhalt)
Flambierbrenner (Bunsenbrenner)

Milch, Sahne, Zucker, Eigelbe und Vanillemark gut miteinander verrühren. Die Eiersahne abgedeckt mindestens 1 Stunde – besser über Nacht – im Kühlschrank durchziehen lassen. Den Backofen auf 100 °C (Umluft) vorheizen. Die Eiersahne durch ein Haarsieb gießen und in die Schälchen verteilen. Die Eiersahne dann im Backofen etwa 1 Stunde garen, bis sie gestockt, aber noch nicht ganz fest ist. Die Crèmes aus dem Ofen nehmen und bei Zimmertemperatur abkühlen lassen. Kurz vor dem Servieren jeweils 1 EL braunen Zucker auf die Crèmes streuen und mit dem Flambierbrenner karamellisieren.

Schatz – ich werde mich jetzt immer im Sitzen wiegen. Ich erziele damit eindeutig bessere Ergebnisse.

P. GAY

Rote-Beeren-Gratin mit Vanilleeis

»Mein absoluter Geheimtipp für die Beerensaison.«

Für 4 Personen

350 g rote Beeren (z. B. Himbeeren, Erdbeeren)
3 Eigelb
2 EL Zucker
200 ml Champagner, Crémant oder guter Sekt
2–3 EL geschlagene Sahne
Puderzucker
4 Kugeln Vanilleeis

Außerdem

Schlagkessel (Metallschüssel mit rundem Boden)
4 Gratinschalen

Die Beeren nur bei Bedarf behutsam waschen, trocken tupfen und entkelchen. Eigelbe, Zucker und Champagner im Schlagkessel mit dem Schneebesen verquirlen. In einem hohen Topf etwas Wasser erhitzen. Die Schüssel daraufsetzen und die Eigelbmasse über dem heißen Wasserbad zu einer luftigen Sauce (Sabayon) aufschlagen. Dabei die Temperatur regelmäßig mit dem Finger testen (siehe Trick). Das Sabayon vom Wasserbad nehmen, noch kurz weiterschlagen und abkühlen lassen. Dann die Schlagsahne unterheben. Den Backofengrill vorheizen. Die Beeren kreisförmig in die Gratinschalen legen und mit dem Sabayon überziehen. Jeweils mit etwas Puderzucker bestäuben und unter dem heißen Grill in 2–3 Minuten goldgelb gratinieren. Herausnehmen, je 1 Kugel Vanilleeis in die Mitte setzen und die Gratins sofort servieren.

LÉAS TRICK Saucen auf Eigelbbasis schlägt man in der klassischen Küche über einem heißen Wasserbad dickschaumig und cremig auf. Dafür erhitze ich in einem hohen Topf etwas Wasser, bis es dampft. Dann setze ich die Schüssel mit der Eigelbmasse auf den Topf. Wichtig ist dabei, dass der Schüsselboden das Wasser nicht berührt, sondern nur im Dampf hängt. Außerdem darf die Eigelbmasse nicht zu heiß werden oder kochen, sonst gerinnt sie. Also prüfe ich ihre Temperatur regelmäßig mit dem Finger und reguliere den Herd entsprechend.

Îles flottantes (Schwimmende Inseln)

»Schneeweiße Schaumberge auf einem See aus goldgelber Eiercreme ... mein Lieblingsdessert aus Kindertagen.«

Für 4 Personen

Eiercreme
1 Vanilleschote
½ l Milch
100 g Zucker
4 Eigelb

Schneeklößchen
4 Eiweiß
1 Spritzer Zitronensaft
50 g Zucker
½ l Milch

Karamellfäden
100 g Zucker

Für die Eiercreme die Vanilleschote längs aufschlitzen und das Mark herausschaben. Die Milch mit 50 g Zucker, Vanilleschote und -mark in einem Topf einmal aufkochen, dann vom Herd nehmen. Die Eigelbe mit dem restlichen Zucker in einer Schüssel mit dem Schneebesen cremig aufschlagen. Erst zwei Schöpfkellen heiße Milch in die Eigelbmasse rühren, danach die Eigelbmasse unter die restliche heiße Milch rühren. Den Topf wieder auf den Herd stellen und die Eigelbmasse bei schwacher Hitze unter Rühren behutsam zur Rose abziehen. (Nicht kochen lassen, sonst gerinnt die Creme.) Vom Herd nehmen, die Vanilleschote entfernen und die Creme bei Zimmertemperatur abkühlen lassen.

Für die Schneeklößchen die Eiweiße mit dem Zitronensaft steif schlagen und dabei langsam den Zucker einrieseln lassen (siehe Seite 149). Die Milch oder alternativ Wasser in einem Topf zum Sieden bringen. Vom Eischnee mit einem Esslöffel Nocken abstechen und vorsichtig auf die siedende Milch setzen. Einige Sekunden ziehen lassen, wenden und nochmals kurz ziehen lassen. Die Schneeklößchen mit einer Schaumkelle herausheben und auf Küchenpapier abtropfen lassen.

Für die Karamellfäden den Zucker mit 2 EL Wasser in einem Topf erhitzen und hellbraun karamellisieren lassen. Den Karamell vom Herd nehmen (Vorsicht, er ist sehr heiß!) und kurz abkühlen lassen, dabei mit einer Gabel umrühren. Die Gabel dann in den Karamell tauchen, über einem Bogen Backpapier schnell hin- und herschwingen und so hauchdünne Fäden spinnen.

Die Vanillecreme in vier Schalen anrichten, die Schneebällchen daraufsetzen und mit einigen Karamellfäden dekorieren.

Ei, Ei, Ei

Statistisch gesehen legt ein Huhn pro Tag 0,8 Eier, aufs Jahr hochgerechnet also etwa 250 Stück. Voraussetzung dafür ist eine gute Haltung mit ordentlichem Futter, genügend Auslauf und artgerechter Beschäftigung. Eine wichtige Rolle spielt auch die Jahreszeit: Haben die Hennen im Winter oder bei kaltem Wetter kalte Füße, legen sie weniger Eier. Hühner in Käfighaltung schaffen übrigens 300 Eier pro Jahr. Allerdings bekommen sie Hochleistungsfutter, haben kaum Bewegung und werden durch nichts vom Eierlegen abgelenkt.

Hauchdünne Crêpes mit Apfelconfit und Zimtsahne

»Nur mit Zucker bestreut schon ein Gedicht, mit Apfel und Zimtsahne einfach unwiderstehlich.«

Für 4 Personen

Crêpes
3 Eier
125 g Mehl
1 gute Prise Zucker
1 kleine Prise Salz
½ l Milch
20 g gute Butter

Apfelconfit
1 großer Apfel (am besten Golden Delicious)
2 gehäufte EL Zucker
100 ml Weißwein

Zimtsahne
200 g Sahne
60 g Crème fraîche
Ahornsirup
gemahlener Zimt

Für die Crêpes Eier, Mehl, Zucker, Salz und Milch mit dem Schneebesen zu einem glatten Teig verrühren. Die Butter in einer kleinen Pfanne (etwa 15 cm Ø) schmelzen und unter den Teig ziehen. Die durch das Schmelzen schon gebutterte Pfanne wieder auf den Herd stellen. Eine kleine Schöpfkelle Teig dünn darin verteilen und von beiden Seiten goldbraun backen. Die Crêpe aus der Pfanne nehmen, auf ein Kuchengitter legen und direkt neben dem warmen Herd oder im 75 °C heißen Backofen warm halten. Den restlichen Teig ebenso ausbacken.

Für das Confit den Apfel schälen, vierteln und das Kerngehäuse entfernen. Die Viertel in 3 mm große Würfel schneiden. Zucker und Weißwein in einem kleinen Topf sirupartig einkochen lassen. Die Apfelwürfelchen zugeben und einige Minuten mitkochen, bis sie glasig und weich sind. Sie dürfen aber nicht zerfallen.

Für die Zimtsahne die Sahne halbsteif schlagen. Dann die Crème fraîche mit dem Schneebesen unterziehen. Die Sahne in eine Schale füllen, mit Ahornsirup beträufeln und mit Zimt bestäuben.

Zum Servieren auf jede Crêpe 1 Löffel Apfelconfit setzen und zusammenklappen. Die Zimtsahne dazu reichen.

LÉAS TRICK Vor dem Backen rühre ich gerne noch einen Schuss sprudeliges Mineralwasser in den Teig. Das macht ihn schön luftig. Und wenn ich gerade keines zur Hand habe, nehme ich meinen Crémant.

Zitronentörtchen mit Baisertupfen

»Die zarten Törtchen sind ein echter Hingucker.«

Für 4 Personen

Mürbeteig

125 g gute, weiche Butter
180 g Puderzucker
1 Ei
Mark von ½ Vanilleschote
1 Prise Salz
25 g gemahlene Mandeln
200 g Mehl

Zitronencreme

2 Zitronen
1 Limette
150 g Puderzucker
80 g gute, weiche Butter
1 Ei
1 Eigelb

Baisertupfen

2 Eiweiß
80 g Puderzucker

Außerdem

12 Tartelette-Förmchen (8 cm Ø)
Butter für die Förmchen
Spritzbeutel mit Lochtülle
Flambierbrenner (Bunsenbrenner)

Für den Teig Butter und Puderzucker mit dem Handrührgerät schaumig rühren. Ei, Vanillemark, Salz und Mandeln unterziehen. Zuletzt das Mehl einrühren. Den Teig mit Frischhaltefolie abdecken und 30 Minuten im Kühlschrank ruhen lassen.

Für die Zitronencreme die Zitronen und die Limette auspressen. Den Saft in einem Topf mit dem Puderzucker mischen. Butter, Ei und Eigelb einrühren. Die Masse unter Rühren erhitzen, bis sie dick und cremig wird. Dann vom Herd nehmen.

Den Backofen auf 150 °C (Umluft) vorheizen, die Förmchen mit Butter ausstreichen. Den Teig in zwölf Portionen teilen. Jede Portion in ein Förmchen drücken, bis Boden und Rand bedeckt sind. Die Böden im Backofen in etwa 12 Minuten zartbraun backen. Danach sofort aus den Förmchen lösen und auf einem Kuchengitter auskühlen lassen. Jeweils 1 EL Zitronencreme in den Törtchen verstreichen.

Für die Baisertupfen die Eiweiße steif schlagen und dabei langsam den Puderzucker einrieseln lassen (siehe Seite 149). Die Baisermasse in den Spritzbeutel füllen und große Tupfen auf die Zitronencreme spritzen. Die Spitzen der Tupfen mit dem Flambierbrenner zart bräunen.

LÉAS TRICK Ist der Teig nach dem Kühlen nicht fest genug, knete ich noch 1–2 EL Mehl darunter. Die Zitronencreme bereite ich gerne auf Vorrat zu, fülle sie heiß in ein Schraubglas und verschließe es. Nach dem Abkühlen hält sich die Creme im Kühlschrank etwa 1 Woche. So habe ich stets Zitronencreme zur Hand oder auch mal ein nettes Geschenk.

Weiß wie Schnee

Eischnee lockert Süßspeisen sowie Gebäck und ergibt herrliches Baiser. Damit er perfekt gelingt, müssen Sie Eigelb und Eiweiß zuerst sorgfältig trennen. Das Eiweiß schlagen Sie dann in einer sauberen, fettfreien Rührschüssel mit Schneebesen oder Handrührgerät auf, bis der Eischnee Spitzen bildet. Wer mag, gibt noch 1 Spritzer Zitronensaft oder 1 Prise Salz zum Eiweiß, damit gelingt der Eischnee besonders gut. Für Baiser schlagen Sie das Eiweiß zunächst nur leicht an und lassen dann langsam den Zucker einrieseln. Dabei beständig weiterschlagen, bis das Eiweiß steif ist.

Knusprige Mandelhippen

»Knusprig und fein butterig –
ich liebe diese Hippen zu Tee oder Kaffee,
zu Vanilleeis und natürlich solo.«

Für etwa 40 Stück

40 g gute Butter
200 g Mandelblättchen
185 g Puderzucker
30 g Mehl
4 Eiweiß

Außerdem

Hippenform oder Nudelholz
Milch zum Arbeiten

Die Butter schmelzen. Mandelblättchen und Puderzucker in eine Schüssel geben. Das Mehl darübersieben und alles mischen. Die Eiweiße einrühren, dann die flüssige Butter gut untermischen. Den Teig abgedeckt im Kühlschrank etwa 1 Stunde ruhen lassen. Den Backofen auf 170 °C (Umluft) vorheizen. Ein Backblech mit Backpapier belegen. Von der Mandelmasse mit einem Esslöffel walnussgroße Häufchen abnehmen und mit ausreichend Abstand auf das Blech setzen. Eine Gabel in die Milch tauchen und die Häufchen zu 2 mm dicken Kreisen oder Ovalen flach drücken. Dabei die Gabel immer wieder mit Milch benetzen. Die Kreise im Backofen in 8–10 Minuten zartbraun backen. Aus dem Ofen nehmen, sofort mit einer Palette behutsam vom Blech lösen, in die Hippenform oder über das Nudelholz legen und abkühlen lassen. Die Hippen dann auf ein Kuchengitter setzen und vollständig auskühlen lassen. Die restlichen Hippen ebenso backen.

LÉAS TRICK Manchmal bewahre ich mir etwas Mandelmasse in einer Frischhaltedose für den nächsten Tag auf. So kann ich noch mal frische Hippen backen.

Hausgemachter Eierlikör

»Der schmeckt nicht nur den Damen.«

Für 4 Gläser

2 sehr frische Eigelb
1 EL Zucker
3 EL kalte Sahne
2–3 EL Cognac oder Rum

Eigelbe und Zucker mit dem Handrührgerät hell und dickschaumig aufschlagen. Danach die Sahne und den Cognac unterrühren. Den Eierlikör in vier Likörschalen oder Schnapsgläser füllen und servieren.

LÉAS TRICK Dieser Likör ist im Handumdrehen zubereitet. Ich verwende dafür aber wirklich nur die Eigelbe von sehr frischen Eiern.

»Ein Gläschen in Ehren ...

... kann niemand verwehren.« Das dachten sich auch europäische Eroberer, als sie im 17. Jahrhundert bei den Ureinwohnern des Amazonasgebietes das Erfrischungsgetränk »Abacate« kosteten. Flugs wurde der mit Avocados zubereitete Drink noch mit Rohrzucker und Rum verfeinert und fand unter dem Namen »Advocaat« seinen Weg nach Europa. Doch hier gab es keine Avocados! Was tun? Die zündende Idee hatte 1876 Eugen Verpoorten, ein Destillateur aus Antwerpen. Er ersetzte die Avocado durch Eigelb und schuf so den Eierlikör, den wir noch heute trinken. Na denn, Prosit!

LÉA LINSTER

Sie ist charmant, herzlich, sprüht vor Energie – und vor allem: Sie kocht unbeschreiblich gut! Nicht weiter verwunderlich also, dass Léa Linster, 1955 in Differdingen (Luxemburg) geboren, zu den renommiertesten Gourmetköchen der Welt gehört. Als bislang einzige Frau erkochte sie sich 1989 den »Bocuse d'Or« – die höchste Auszeichnung für Köche. Seitdem ist ihr Bekanntheitsgrad stetig gestiegen: Sie hat bereits mehrere Bücher publiziert, schrieb eine Rezeptkolumne für die Zeitschrift *Brigitte* und ist Jurymitglied in der Kochshow *The Taste* (SAT.1).

PETER GAYMANN

Er hat geniale Ideen, zeichnet mit spitzer Feder und gekonntem Strich – und vor allem: Er zaubert mit seinen witzigen Cartoons unweigerlich ein Lächeln auf das Gesicht des Betrachters. Peter Gaymann, 1950 in Freiburg (Breisgau) geboren, lebt und arbeitet als freier Zeichner in Köln. Insbesondere seine Hühner, genannt: sein »Huhniversum«, haben ihn bekannt gemacht. Auch für die »Paar Probleme«, die er seit vielen Jahren in der Zeitschrift *Brigitte* veröffentlicht, ist er berühmt. Daneben erschienen seine Illustrationen im *ZEITmagazin*, in der *Bunten*, der *taz* und *Maxima*.

MERCI

»Sieh'! keinen Tropfen Wasser schluckt das Huhn,
Ohn' einen Blick zum Himmel auf zu thun ...«
(Friedrich Rückert, 1788–1866)

Und wir? Wir werden heute keinen Tropfen Champagner schlucken, ohne vorher dankbar unseren Blick gen Himmel zu erheben. Unser gemeinsames Buch ist fertig. Wunderbar! Die Korken knallen, und wir wollen natürlich dem lieben Gott und seinen guten Geistern danken, dass er uns mit Inspirationen rund um Huhn und Ei gesegnet hat. Aber danach richten wir unseren Blick ganz schnell wieder zur Erde und bedanken uns ganz herzlich bei allen, die uns auf gar irdische Weise, nämlich mit viel Engagement, Rat und Tat geholfen haben, dieses erste Gemeinschaftsprojekt zu realisieren. Wenn wir jetzt anfangen, alle Namen aufzuzählen, wird der Platz auf dieser Seite nicht ausreichen, und wenn wir auch nur einen lieben Menschen vergessen, dann wird man uns strafversetzen in eine Legebatterie – und es wird nie einen zweiten Band geben (wir hätten da nämlich schon eine Idee ... müssen die aber erst ausbrüten).

Mit dankbarem Prost,

IMPRESSUM

Originalausgabe
4. Auflage 2023
© 2014 by ars vivendi verlag GmbH & Co. KG, Cadolzburg
Alle Rechte vorbehalten
www.arsvivendi.com
ISBN 978-3-86913-426-0

Rezepte   Léa Linster
Illustrationen   Peter Gaymann
Porträts   Jacques Schneider
Foodfotos   Justyna Krzyżanowska
Assistenz   Kai Schwertner
Textredaktion, Lektorat   Petra Teetz
Reprografie   Harald Schmidt
Gestaltung, Satz   Justyna Krzyżanowska
Idee und Konzept   Jochen Baller
Druck   Dardedze, Litauen

ars vivendi